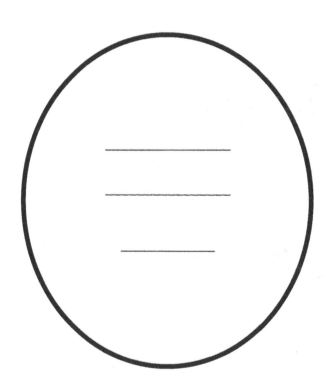

MONTHLY TO-DO LIST

JANUARY

- [ ]
- [ ]
- [ ]
- [ ]
- [ ]

FEBRUARY

- [ ]
- [ ]
- [ ]
- [ ]
- [ ]

MARCH

- [ ]
- [ ]
- [ ]
- [ ]
- [ ]

APRIL

- [ ]
- [ ]
- [ ]
- [ ]
- [ ]

MAY

- [ ]
- [ ]
- [ ]
- [ ]
- [ ]

JUNE

- [ ]
- [ ]
- [ ]
- [ ]
- [ ]

JULY

- [ ]
- [ ]
- [ ]
- [ ]
- [ ]

AUGUST

- [ ]
- [ ]
- [ ]
- [ ]
- [ ]

SEPTEMBER

- [ ]
- [ ]
- [ ]
- [ ]
- [ ]

OCTOBER

- [ ]
- [ ]
- [ ]
- [ ]
- [ ]

NOVEMBER

- [ ]
- [ ]
- [ ]
- [ ]
- [ ]

DECEMBER

- [ ]
- [ ]
- [ ]
- [ ]
- [ ]

BIRTHDAY REMINDER

January	February	March

April	May	June

July	August	September

October	November	December

MONTHLY PLANNER

Month: _____ Year: _____

Monday	Tuesday	Wednesday	Thursday	Friday	Saturday	Sunday
☐	☐	☐	☐	☐	☐	☐
☐	☐	☐	☐	☐	☐	☐
☐	☐	☐	☐	☐	☐	☐
☐	☐	☐	☐	☐	☐	☐
☐	☐	☐	☐	☐	☐	☐

Notes:

_____

_____

_____

_____

_____

_____

_____

_____

_____

_____

MONTHLY PLANNER

Month: _____ Year: _____

Monday	Tuesday	Wednesday	Thursday	Friday	Saturday	Sunday
☐	☐	☐	☐	☐	☐	☐
☐	☐	☐	☐	☐	☐	☐
☐	☐	☐	☐	☐	☐	☐
☐	☐	☐	☐	☐	☐	☐
☐	☐	☐	☐	☐	☐	☐

Notes:

MONTHLY PLANNER

Month: _____ Year: _____

Monday	Tuesday	Wednesday	Thursday	Friday	Saturday	Sunday
☐	☐	☐	☐	☐	☐	☐
☐	☐	☐	☐	☐	☐	☐
☐	☐	☐	☐	☐	☐	☐
☐	☐	☐	☐	☐	☐	☐
☐	☐	☐	☐	☐	☐	☐

Notes:

_____
_____
_____
_____
_____
_____
_____
_____
_____
_____

MONTHLY PLANNER

Month: _____ Year: _____

Monday	Tuesday	Wednesday	Thursday	Friday	Saturday	Sunday
☐	☐	☐	☐	☐	☐	☐
☐	☐	☐	☐	☐	☐	☐
☐	☐	☐	☐	☐	☐	☐
☐	☐	☐	☐	☐	☐	☐
☐	☐	☐	☐	☐	☐	☐

Notes:

MONTHLY PLANNER

Month: _____ Year: _____

Monday	Tuesday	Wednesday	Thursday	Friday	Saturday	Sunday
☐	☐	☐	☐	☐	☐	☐
☐	☐	☐	☐	☐	☐	☐
☐	☐	☐	☐	☐	☐	☐
☐	☐	☐	☐	☐	☐	☐
☐	☐	☐	☐	☐	☐	☐

Notes:

_____
_____
_____
_____
_____
_____
_____
_____
_____
_____

MONTHLY PLANNER

Month: _____ Year: _____

Monday	Tuesday	Wednesday	Thursday	Friday	Saturday	Sunday
☐	☐	☐	☐	☐	☐	☐
☐	☐	☐	☐	☐	☐	☐
☐	☐	☐	☐	☐	☐	☐
☐	☐	☐	☐	☐	☐	☐
☐	☐	☐	☐	☐	☐	☐

Notes:

MONTHLY PLANNER

Month: _____ Year: _____

Monday	Tuesday	Wednesday	Thursday	Friday	Saturday	Sunday
☐	☐	☐	☐	☐	☐	☐
☐	☐	☐	☐	☐	☐	☐
☐	☐	☐	☐	☐	☐	☐
☐	☐	☐	☐	☐	☐	☐
☐	☐	☐	☐	☐	☐	☐

Notes:

_____

_____

_____

_____

_____

_____

_____

_____

_____

_____

MONTHLY PLANNER

Month: _____ Year: _____

Monday	Tuesday	Wednesday	Thursday	Friday	Saturday	Sunday
☐	☐	☐	☐	☐	☐	☐
☐	☐	☐	☐	☐	☐	☐
☐	☐	☐	☐	☐	☐	☐
☐	☐	☐	☐	☐	☐	☐
☐	☐	☐	☐	☐	☐	☐

Notes:

_____

_____

_____

_____

_____

_____

_____

_____

_____

MONTHLY PLANNER

Month: _____ Year: _____

Monday	Tuesday	Wednesday	Thursday	Friday	Saturday	Sunday
☐	☐	☐	☐	☐	☐	☐
☐	☐	☐	☐	☐	☐	☐
☐	☐	☐	☐	☐	☐	☐
☐	☐	☐	☐	☐	☐	☐
☐	☐	☐	☐	☐	☐	☐

Notes:

MONTHLY PLANNER

Month: _____ Year: _____

Monday	Tuesday	Wednesday	Thursday	Friday	Saturday	Sunday
☐	☐	☐	☐	☐	☐	☐
☐	☐	☐	☐	☐	☐	☐
☐	☐	☐	☐	☐	☐	☐
☐	☐	☐	☐	☐	☐	☐
☐	☐	☐	☐	☐	☐	☐

Notes:

_____

_____

_____

_____

_____

_____

_____

_____

_____

_____

MONTHLY PLANNER

Month: _____ Year: _____

Monday	Tuesday	Wednesday	Thursday	Friday	Saturday	Sunday
☐	☐	☐	☐	☐	☐	☐
☐	☐	☐	☐	☐	☐	☐
☐	☐	☐	☐	☐	☐	☐
☐	☐	☐	☐	☐	☐	☐
☐	☐	☐	☐	☐	☐	☐

Notes:

_____
_____
_____
_____
_____
_____
_____
_____
_____
_____

MONTHLY PLANNER

Month: _____ Year: _____

Monday	Tuesday	Wednesday	Thursday	Friday	Saturday	Sunday
☐	☐	☐	☐	☐	☐	☐
☐	☐	☐	☐	☐	☐	☐
☐	☐	☐	☐	☐	☐	☐
☐	☐	☐	☐	☐	☐	☐
☐	☐	☐	☐	☐	☐	☐

Notes:

_____

_____

_____

_____

_____

_____

_____

_____

_____

_____

TO-DO LIST

TO-DO LIST

TO-DO LIST

TO-DO LIST

TO-DO LIST

MOOD TRACKER

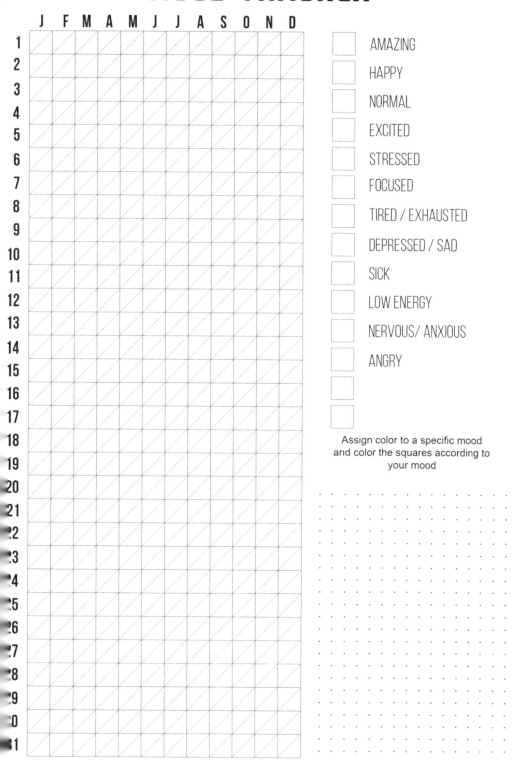

	J	F	M	A	M	J	J	A	S	O	N	D
1												
2												
3												
4												
5												
6												
7												
8												
9												
10												
11												
12												
13												
14												
15												
16												
17												
18												
19												
20												
21												
22												
23												
24												
25												
26												
27												
28												
29												
30												
31												

- AMAZING
- HAPPY
- NORMAL
- EXCITED
- STRESSED
- FOCUSED
- TIRED / EXHAUSTED
- DEPRESSED / SAD
- SICK
- LOW ENERGY
- NERVOUS/ ANXIOUS
- ANGRY

Assign color to a specific mood
and color the squares according to
your mood

HABIT TRACKER

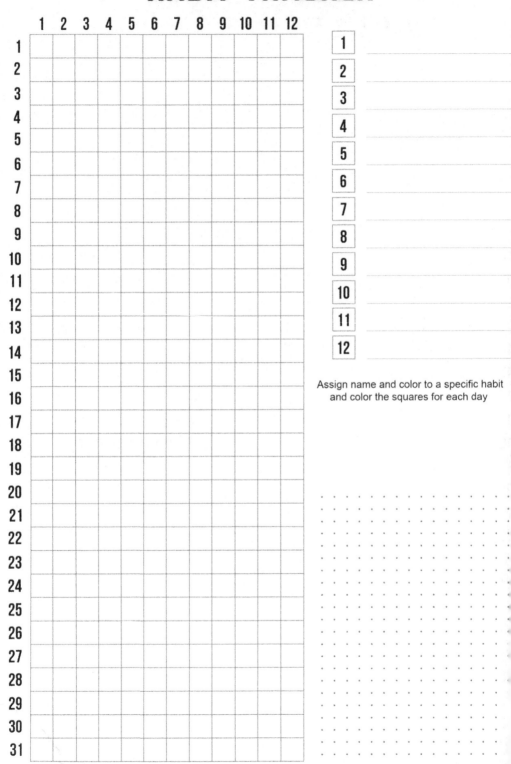

Assign name and color to a specific habit
and color the squares for each day

-ACTS OF KINDNESS TRACKER-

Kindness	Recipient	Completed

READING LISTS

TITLE	AUTHOR	GENRE	DATE	RATING
				☆☆☆☆☆
				☆☆☆☆☆
				☆☆☆☆☆
				☆☆☆☆☆
				☆☆☆☆☆
				☆☆☆☆☆
				☆☆☆☆☆
				☆☆☆☆☆
				☆☆☆☆☆
				☆☆☆☆☆
				☆☆☆☆☆
				☆☆☆☆☆
				☆☆☆☆☆
				☆☆☆☆☆
				☆☆☆☆☆
				☆☆☆☆☆
				☆☆☆☆☆
				☆☆☆☆☆
				☆☆☆☆☆
				☆☆☆☆☆
				☆☆☆☆☆
				☆☆☆☆☆
				☆☆☆☆☆

SAVING TRACKER

SAVING FOR:

DATE	DEPOSIT	AMOUNT

SAVING FOR:

DATE	DEPOSIT	AMOUNT

-DONATION TRACKER-

Date	Donation Type and Description	Organization	Requirement	Value / Sum	Receipt

SIMPLE WEIGHT TRACKER

DATE	TIME	WEIGHT	NOTES / COMMENTS

EASY PASSWORD TRACKER

Site	Username	Password

Notes

Notes

Notes

Notes

Notes

Notes

Notes

Notes

Notes

Notes

Notes

Notes

Notes

Notes

Notes

Notes

Notes

Notes

Notes

Notes

Notes

Notes

Notes

Notes

Notes

Notes

Notes

Notes

Notes

Notes

Notes

Notes

Notes

Notes

Notes

Notes

Notes

Notes

Notes

Notes

Notes

Notes

Notes

Notes

Notes

Notes

Notes

Notes

Notes

Notes

Notes

Notes

Notes

Notes

Notes

Notes

Notes

Notes

Notes

Notes

Notes

Notes

Notes

Notes

Notes

Notes

Notes

Notes

Notes

Notes

Notes

Notes

Notes

Notes

Notes

Notes

Notes

Notes

Notes

Notes

Notes

Notes

Notes

Notes

Notes

Notes

Notes

Notes

Notes

Notes

Notes

Notes

Made in the USA
Monee, IL
11 March 2021